Elmar Peintner

Kreuzweg

ELMAR
PEINTNER

KREUZWEG

MIT TEXTEN VON MANFRED SCHEUER
UND MAXIMILIAN PAULIN

TYROLIA-VERLAG · INNSBRUCK-WIEN

Das Erscheinen dieses Buches wurde unterstützt durch
die Abteilung Kultur im Amt der Tiroler Landesregierung
und die Stadtgemeinde Landeck

Unterstützt von tirol Unser Land Kultur

STADT
LANDECK

Mitglied der Verlagsgruppe „engagement“

Bibliografische Information Der Deutschen Nationalbibliothek
Die Deutsche Nationalbibliothek verzeichnet diese Publikation in der
Deutschen Nationalbibliografie; detaillierte bibliografische Daten sind im Internet
über http://dnb.d-nb.de abrufbar.

2009

Umschlaggestaltung: Tyrolia-Verlag
unter Verwendung eines Bildes von Elmar Peintner
Impulstexte zu den Kreuzwegstationen: Dr. Maximilian Paulin
Layout und digitale Gestaltung: Tyrolia-Verlag
Lithografie, Druck und Bindung: Alpina Druck, Innsbruck
ISBN 978-3-7022-2993-1
E-Mail: buchverlag@tyrolia.at
Internet: www.tyrolia-verlag.at

VORWORT

„Es könnten unsere eigenen Hände und Füße sein." So deutet Elmar Peintner die lebensgroßen Gliedmaßen, die in seine Kreuzweg-Bilder hineinragen. Der Bildrand ist keine absolute Grenze. Denn beim Kreuzweg sind die Umstehenden nie bloße Betrachter. Ob Mitleidende oder Spötter: Die Passion Christi kennt nur Beteiligte.

Als Peintner in den Jahren 2004 und 2005 die in diesem Buch vorgestellten 14 Kreuzwegstationen zeichnete, nahm er sich denn auch heute lebende Menschen für sämtliche Personen zum Vorbild. Seine Modelle waren somit ebenso konkret und alltäglich wie die schlichte Seitenkapelle der Tiroler Pfarre St. Josef in Landeck-Bruggen, für die dieser Kreuzweg geschaffen wurde und die ihn seither an ihrer rechten Seitenwand beherbergt. Eine Kapelle für Werktagsgottesdienste in einer Arbeitersiedlung, mit der Kirche 1963 als Sichtbetonbau nach Plänen von Norbert Heltschl errichtet.

Ausgeführt sind die zwölf Bilder in Bleistift und Eitempera auf Leinwand (je 92 x 97). Mit dieser Technik überlagert Peintner Bedeutungs- und Zeitebenen: Die emotionale Färbung kommt ganz aus der Gegenwart. Das Historische ist in Bleistift gehalten. Das geometrisch-schemenhafte Kreuz durchdringt dabei das naturalistisch gezeigte Leidensgeschehen.

Im Zentrum der Komposition steht (fast) bei jedem Bild das Antlitz Jesu. Seinem Blick, seiner Haltung und seinem Ausdruck hat der Künstler besondere Aufmerksamkeit geschenkt. Dies führen die Texte weiter: Bischof Manfred Scheuer zeigt in seiner spirituellen Einleitung, wie sich Gott gerade im Gekreuzigten offenbart, ja – heute – sinnlich „anschauen" lässt. Meine Impulse zu den einzelnen Stationen wollen jeweils die prekäre „Lage" des Antlitzes Christi in knappe Worte fassen. Die Schriftverse hat Peintner selbst gewählt und beim Arbeiten meditiert.

Maximilian Paulin

EINLEITUNG

Im Zentrum des Kreuzweges von Elmar Peintner steht das Antlitz Jesu. Es ist kein schönes Bild. Würden wir uns die Gottesschau nicht erhabener, großartiger und glücklicher vorstellen? Ist sie nicht enttäuschend in der Suche nach Leben, in der Sehnsucht nach Glück, in den Vorstellungen von Heil? Jesus durchkreuzt die Wunschträume und er befriedigt nicht einfach die Bedürfnisse. Am Kreuzweg begegnet uns Gott nicht als einer, der sich rein bewahrt, heraushält aus dem Dreck und sich nicht schmutzig macht bei der Arbeit. Gott ist nicht einer, der jenseits von Schmerz und Leid, von Angst und Kälte, von Dunkelheit thront. Er setzt sich mit keinen anderen Mitteln durch als mit denen der wehrlosen, angenagelten, gekreuzigten Liebe. Gott ist nicht einmal gewalttätig und ein andermal gewaltlos, er ist nicht einmal einer, der hasst und verachtet, und je nach Laune ganz sympathisch. Er ist nicht einmal gut und ein andermal böse. „Gott ist Liebe", das ist der Spitzensatz aus 1 Joh 4,8, der das gesamte Wirken Gottes in Jesus Christus bündelt. Und diese Liebe und Gnade genügen (Ignatius von Loyola).

Gott genügt, d. h. nur Gott genügt. Die Liebe genügt und nur die Liebe. Alles andere greift zu kurz, ist zu wenig. Genügt Gott? In der Geschichte vom Sündenfall wird dem Menschen von der Schlange suggeriert, dass Gott nicht genügt, dass er etwas vorenthält, dass er eigentlich neidisch und nicht großzügig ist. Gott genügt: Das ist so zu verstehen, dass Jesus genügt. Nach Christus ist nichts mehr zu erwarten, und mehr als Jesus ist auch nicht zu erwarten. Gott wird seine unbedingte Liebe nicht noch einmal korrigieren. Er überlegt es sich nicht noch einmal anders in seiner Zuwendung zu den Menschen.

Jesus genügt: Das liegt auf der Linie der Demut und der Verborgenheit Gottes bei der Geburt, beim einfachen Leben in Nazareth, in der Gegenwart im Geringsten, in der Verborgenheit Gottes am Kreuz.

Diese Weise der Gotteserfahrung kann durchaus enttäuschend sein. Nach Christus ist nichts mehr zu erwarten. Andere Menschen als die konkreten Menschen sind auch nicht zu erwarten. „Was ihr dem Geringsten meiner Brüder und Schwestern getan habt, das habt ihr mir getan." (Mt 25,31-46)

Dein Sehen ist Lieben

Im Antlitz eines Menschen drückt sich die Innenseite der Seele aus, im Antlitz sprechen sich auch Beziehungen aus. Wir spüren, wie wohltuend und heilend liebende Aufmerksamkeit ist, wie wichtig es ist, wahrgenommen zu werden, ein „Ansehen" zu haben. Es kann aber auch verletzend sein, wenn jemand, der körperlich da, mit den Gedanken aber ganz woanders ist. Blicke können flehentlich sagen: Ich brauche dich, bitte lass mich nicht im Stich, lass mich nicht allein. Oder: Schau mir in die Augen, d. h. sag mir die Wahrheit! Mit Blicken und mit der Gestik des Gesichtes können auch Kälte, Gleichgültigkeit und Verachtung signalisiert werden. Ohne Worte sagt da einer: Du bist für mich überflüssig, reiner Abfall und Müll, den zu verwerten und dann zu entsorgen es gilt, du bist eine Null, ein Kostenfaktor, den wir uns in Zukunft nicht mehr leisten wollen. Blicke können kontrollieren, überwachen, fixieren und lähmen. Wenn Blicke töten könnten, heißt es nicht umsonst in der Alltagssprache.
„Und weil das Auge dort ist, wo die Liebe weilt, erfahre ich, dass Du mich liebst. … Dein Sehen, Herr, ist Lieben, und wie Dein Blick mich aufmerksam betrachtet, dass er sich nie abwendet, so auch Deine Liebe. … Soweit Du mit mir bist, soweit bin ich. Und da Dein Sehen Dein Sein ist, bin ich also, weil Du mich anblickst. … Indem Du mich ansiehst, lässt Du, der verborgene Gott, Dich von mir erblicken. … Und nichts anderes ist Dein Sehen als Lebendigmachen. … Dein Sehen be-

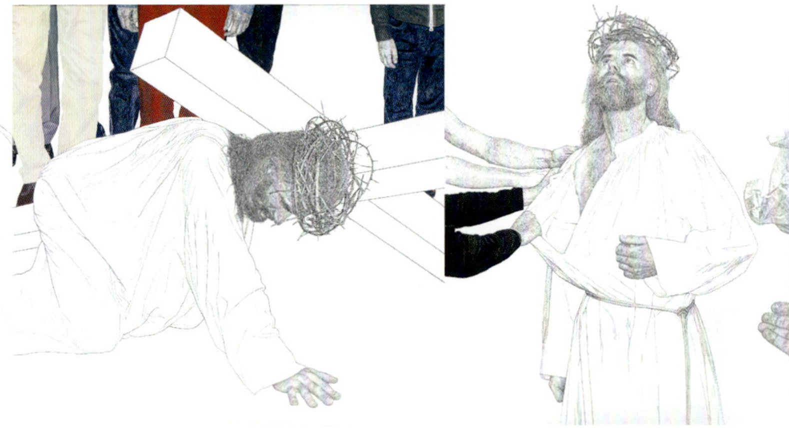

deutet Wirken."[1] So erfährt und beschreibt der Brixener Bischof Nikolaus Cusanus (1401–1464) das Antlitz und das Sehen Jesu. Das Leidensantlitz Jesu vermittelt, wer Gott für uns Menschen ist. Jesu Blick auf die Menschen bleibt nicht an der geschminkten, geschönten, gestylten Oberfläche stehen. Jesu Blick geht in die Tiefe; er vermittelt Würde, Zuwendung, Leben und Hoffnung. In Jesus schreibt Gott das Hoheitszeichen seiner Liebe und Würde auf die Stirn eines jeden Menschen, des Freundes und Feindes, des Armen und Geringen. Es ist uns versagt, von uns selbst, von den anderen, von den Schwachen gering und verächtlich zu denken. Wir würden Gott selbst verachten und ihn gering schätzen. Christen sind von Gott in Jesus Christus Angesehene. Erst von da her wird das Leidensantlitz zur sittlichen Herausforderung und Verpflichtung.

Mystik der offenen Augen

Emmanuel Levinas[2] schreibt über die Unendlichkeit, die uns im Antlitz des Anderen erscheint. Der Blick eines Menschen, der mich ansieht, sei er nun gleichgültig, feindlich oder freundlich, ist in keinem Fall ein Gegenstand. Etwas Unendliches, d. h. etwas Inkommensurables leuchtet auf, das sich in keiner Weise als Objekt verstehen und durch eine endliche Zahl von Prädikaten definieren lässt. Im Blick des Anderen, gerade des armen Anderen erfahren wir den Anspruch: Du darfst mich nicht töten, du darfst mich nicht verachten, du musst mir helfen. Es ist für die biblische Botschaft allgemein und für die Leidens-

[1] Nikolaus von Kues, De visione Dei, in: Phil.-Theol. Schriften Bd. III, Wien 1967, S. 105 – 111.
[2] Totalité et infini / Totalität und Unendlichkeit. Versuch über die Exteriorität, Freiburg/München 1987.

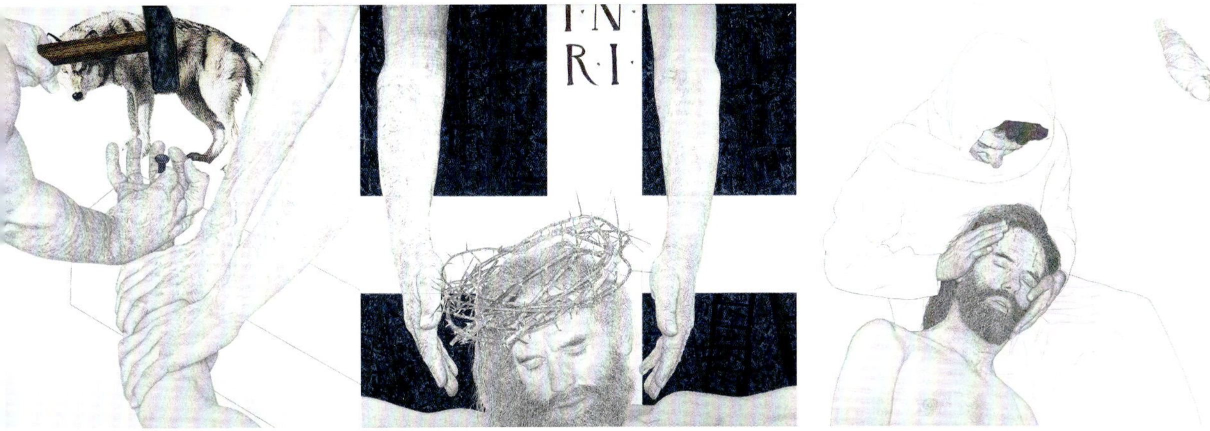

geschichte Jesu im Besonderen ganz zentral, die Augen zu öffnen. Jesus macht nicht die Augen vor dem menschlichen Leiden zu, er lehrt nicht eine Mystik der geschlossenen, sondern der offenen Augen. Für ihn besteht eine unbedingte Wahrnehmungspflicht für fremdes Leid. „Er sah ihn und ging weiter", heißt es vom Priester und vom Leviten. „Er sah ihn und hatte Mitleid mit ihm", hingegen vom Barmherzigen Samariter. Das Leidensantlitz Jesu begegnet uns fragend und fordernd in den Gesichtern von Kindern, die von Armut geschlagen sind, in den Gesichtern von jungen Menschen, die keinen Platz in der Gesellschaft finden, den Gesichtern derer, die am Rand der Gesellschaft in unmenschlichen Situationen leben, den Gesichtern der Arbeiter, die häufig schlecht bezahlt sind und Schwierigkeiten haben, sich zu organisieren und ihre Rechte zu verteidigen, in den Gesichtern von Alten, die von der Fortschrittsgesellschaft ausgeschlossen sind, in den Gesichtern von Asylanten, Emigranten, Arbeitslosen, in den Gesichtern der Armen und Leidenden (Lateinamerikanische Bischofskonferenz in Puebla 1979).
In der gegenwärtigen Mediengesellschaft spielt das Sehen eine große Rolle. Dabei wird aber viel ausgeblendet, vergessen und an den Rand geschoben. Für viele Bereiche des Dunklen und des Schmerzes gibt es Anästhetika und Analgetika. Die Sehnsüchte und Erlebniswelten schaffen neue Vergesslichkeiten, weil man wegblicken und weghören, überhaupt die Wahrnehmung auf einen reduzierten Gesichtswinkel schalten muss. Das führt zu sozialer Kälte, Abstumpfung, Unempfindlichkeit und zu einer großen Fläche von blinden Flecken. Nachrichten von menschlichen Leiden, Fakten von Kriegen, Ereignisse des Schreckens werden letztendlich noch einmal vermarktet und auf ihren Unterhaltungswert hin befragt. – Das Antlitz Jesu am Kreuzweg nimmt eine lebendige Beziehung der Anteilnahme, der Solidarität, der Hilfe und des Beistandes.

Gericht und Hoffnung

Auf dem Kreuzweg Jesu stehen wir nicht nur auf der Seite derer, die helfen sollen oder wollen. Die Begegnung mit dem Leidensantlitz Jesu ist auch Gericht. Bei der Passion Jesu wird Gericht gehalten in einem mehrfachen Sinn. Wir sind nicht nur Opfer oder Ankläger und Richter, sondern auch Täter. Wir sollen uns in das Verhalten des Petrus, des Judas, der Soldaten, der Menge, der Schreier, des Pilatus … hineindenken und hineinfühlen und eigene Anteile entdecken. Bequemlichkeit, Desinteresse, Gleichgültigkeit, ein Konsumdenken, das Menschen wie Waren behandelt, eine Beliebigkeit, die Treue und Wahrhaftigkeit verhöhnt, die Dumpfheit der Resignation, die sich verschließt und die Gott draußen sein lässt, bringen Gott zum Schweigen. Die Stimme Gottes im Evangelium wird als lästig empfunden, als schwärmerisch abgetan, auf die Seite geschoben. Das Kreuz Jesu ist Gericht über uns, es entlarvt viele unserer Worte als fromme Lügen, es lässt manches von unserem sozialen Tun in seiner Hohlheit zusammenbrechen.

Jesus blickt uns wie Petrus traurig an. In diesem Blick liegt aber auch das Verzeihen, das zum Gericht Jesu gehört. Jesus sagt am Kreuz gerade nicht: Jetzt reicht es mir, ich schicke alle Menschen zum Teufel. Im Kreuz ist Vergebung. Jesus hat am Kreuz allen vergeben. Die Liebe Jesu am Kreuz ist die letzte umgreifende Bejahung auf jedes Nein, alle Verweigerung, alle Apathie, allen Hohn, alles Verurteilen, jeden Verrat, jede Untreue, jede Lüge und Gewalt. Jesus bringt die Vergebung und die Liebe in die letzte Spitze der Bosheit, in das Reich des Todes, in die Hölle hinein. Wenn wir uns von ihm wegdrehen und ihn zurücklassen, bewegen wir uns in eine Richtung, aus der er uns wieder von Angesicht zu Angesicht zukommt. Wenn wir ihm den Rücken zeigen, zeigt er uns sein Gesicht.

Und im Leidensantlitz Jesu spricht Gott uns Hoffnung zu. Wohl spiegelt das Antlitz die Katastrophen der Geschichte, wohl sind in diesem Antlitz die Wunden der Menschheit gebündelt. Durch sein Kreuz und seine Auferstehung fügt Jesus das Zerschlagene und die Zerschlagenen zusammen, holt er die Verlorenen heim, macht er die Kaputten lebendig, trocknet er die Tränen, gibt er den Toten Hoffnung.

Bischof Dr. Manfred Scheuer

KREUZWEG

1. Station:
Jesus wird zum Tode verurteilt.

Jesus aber schwieg.
(Joh 19,9)

Wie ein Schaf, das man zur Schlachtbank führt, so tat er seinen Mund nicht auf.
(Jes 53,7)

Das Antlitz Christi: über dem Bild des Schafes, das schweigt. Inbegriff der Friedfertigkeit. Oder Ahnungslosigkeit, Dummheit? Was weiß das Schaf schon von der Anklage, die auf ihm lastet? Was sagt ihm das stolze Krähen des Hahnes, was der ausgestreckte Zeigefinger? Und doch: Auch der Hahn scheint stumm geworden, die Menschen senken ihre Blicke. Sprechend tritt die Hand hervor. Sie weist Jesus aus. Als den Sündenbock. Oder vielmehr: als das Lamm Gottes. Sie wird zum Finger des Johannes.

2. Station:

Jesus nimmt das schwere Kreuz auf seine Schultern.

Siehe, Vater, ich komme,
um deinen Willen zu erfüllen.
(aus Psalm 40)

Das Antlitz Christi: vor uns. Jesus kommt gerade auf uns zu. Er sieht uns ins Gesicht. Er sieht dem Leiden ins Gesicht. Er sieht dem Vater ins Gesicht.

3. Station:

Jesus fällt das erste Mal unter dem Kreuz.

Herr, sie zertreten dein Volk!
(aus Psalm 94)

Das Antlitz Christi: über dem Haupt des Zertretenen. Im eigenen Fallen wird Jesus solidarisch mit den Leidenden. Sein Kinn senkt sich bis an die Schläfe des Gefallenen hinab. Aller Gefallenen. Seine Augen suchen sie, über alle Schuhe, alle Treter hinweg. Er nimmt Blickkontakt auf, er redet, er berührt sie am Scheitel: seine geringsten Schwestern und Brüder. Meine geringsten Schwestern und Brüder. Mich. – Mit der Hand, die das Kreuz umfängt.

4. Station:

Jesus begegnet seiner Mutter.

Gebeugt, ganz krumm bin ich geworden; traurig gehe ich des Weges, ich bin so matt und zerschlagen.
(aus Psalm 38)

Das Antlitz Christi: über dem Arm der Mutter. Sein Blick weicht ihr aus; sein Leib würde sich krümmen, er würde fallen, vornüber, mit den Handflächen über den Augenhöhlen, wie die gebeugte Figur im Vordergrund. Doch sie hält ihn auf, sie stützt ihn an der Schulter. Sie umfasst seine Hand, macht sie warm und fest – am Kreuz. Segnend, voll mütterlicher Kraft.

5. Station:
Simon von Cyrene hilft Jesus das Kreuz tragen.

Auf Mitleid warte ich,
auf einen Tröster,
doch ich habe keinen gefunden.
(aus Psalm 69)

Das Antlitz Christi: auf Augenhöhe mit Simon, auf Kreuzbalkenhöhe. Simon sucht Jesu Blick. Überrumpelt, angefragt, gezwungen, verwirrt – er verschließt sich doch nicht. Helfen auch wir Jesus das Kreuz tragen. Lassen wir uns von seiner Hand berühren, wie Mutter Teresa. Und berühren wir andere, durch seine Hand.

6. Station:
Veronika reicht Jesus das Schweißtuch.

Ich bin ein Wurm, kein Mensch,
der Leute Spott, vom Volk verachtet.
(aus Psalm 22)

Das Antlitz Christi: über erregten Händen und Fingern. Doch auch eine andere Hand streckt sich Jesus entgegen, bedeckt mit einem Tuch, das er dankbar ergreift. Ein Tuch, das den anklagenden Fingern die Spitze nimmt, das dem Verhöhnten Erleichterung verschafft, sein Gesicht den bohrenden Blicken der Menge entzieht. Einen Augenblick lang, eine Nachdenkpause lang. Danke, Veronika.

7. Station:
Jesus fällt zum zweiten Mal unter dem Kreuz.

Rette mich,
vor dem Rachen des Löwen,
vor den Hörnern der Büffel,
rette mich Armen,
denn am Boden klebt mein Leib.
(aus Psalm 22)

Das Antlitz Christi: eine Ebene tiefer als die Tiere. Das Kreuz drückt Jesus zu Boden, er scheint auf allen vieren zu kriechen, sein Bart eine Mähne, die Dornenkrone lauter kleine Hörner. Der Kreuzweg wandelt sich zur Treibjagd. Jesus ist konfrontiert mit der dunklen Phantasie der Menschen, mit ihren Ängsten und Projektionen. Bringt den Unmenschen um! Die das rufen, sind geifernde Löwen und Büffel. Doch Jesus erwidert ihre Wut nicht. Er schaut nicht auf die Fratzen. Wenn die Rotte herangaloppiert, die Meute ihn bedrängt, die Raubkatzen die Zähne fletschen – Jesus schaut unbeirrt nach vorne: Vater! – Und: Vergib ihnen, denn sie wissen nicht, was sie tun!

8. Station:
Jesus spricht zu den weinenden Frauen.

Er sah nicht mehr aus wie ein Mensch, sodass wir ihn ansehen mochten. (Jes 52,14)

Das Antlitz Christi: über zerzaustem Haar, über einem Ohr gegen den Wind, über Augen, die das Weite suchen, über einer Hand vor dem Mund. Das Antlitz Christi über einem Kopf, der vom Kreuzbalken förmlich durchdrungen ist. Auch das Weinen, die Klage um Jesus, kann den Blick verstellen, hält den Menschen in den eigenen Vorstellungen gefangen. Weint, ja, über euch und eure Kinder! Aber jetzt: Wollt ihr mich nicht ansehen?

9. Station:
Jesus fällt zum dritten Mal unter dem Kreuz.

Er hat mit lautem Schreien und unter Tränen seine Gebete und Bitten vor Gott gebracht.
(Hebr 5,7)

Das Antlitz Christi: zu Boden gewandt; mit dem Kreuz am Kopf mit dem Kopf durch die Wand. Vorwärts! Es geht weiter! – Nur noch die eigene Hand stützt Jesus. Ringsum Kopfschütteln, Achselzucken, Hände an den Hosentaschen.

10. Station:
Jesus wird seiner Kleider beraubt.

Meine Augen blicken ermattet nach oben, ich bin in Not, Herr, steh mir bei.
(Jes 38,14)

Sie teilen meine Kleider unter sich und werfen über mein Gewand das Los.
(aus Psalm 22)

Das Antlitz Christi: über den Dingen. Das Kleid fliegt davon, die Würfel fallen, sein Leib steht im Fadenkreuz gieriger Arme; doch Jesus schaut über diese Dinge hinweg. Er richtet den Blick nach oben, sein Antlitz zeigt er dem Vater, den Hunden die Kehle.

11. Station:
Jesus wird ans Kreuz genagelt.

Viele Hunde umlagern mich.
Eine Rotte von Bösen umkreist mich,
sie durchbohren mir Hände und Füße.
(aus Psalm 22)

Vater, vergib ihnen, denn sie
wissen nicht, was sie tun!
(Lk 23,34)

Die Finger krallen sich um den Nagel. Arme von allen Seiten.
Armer Hund.

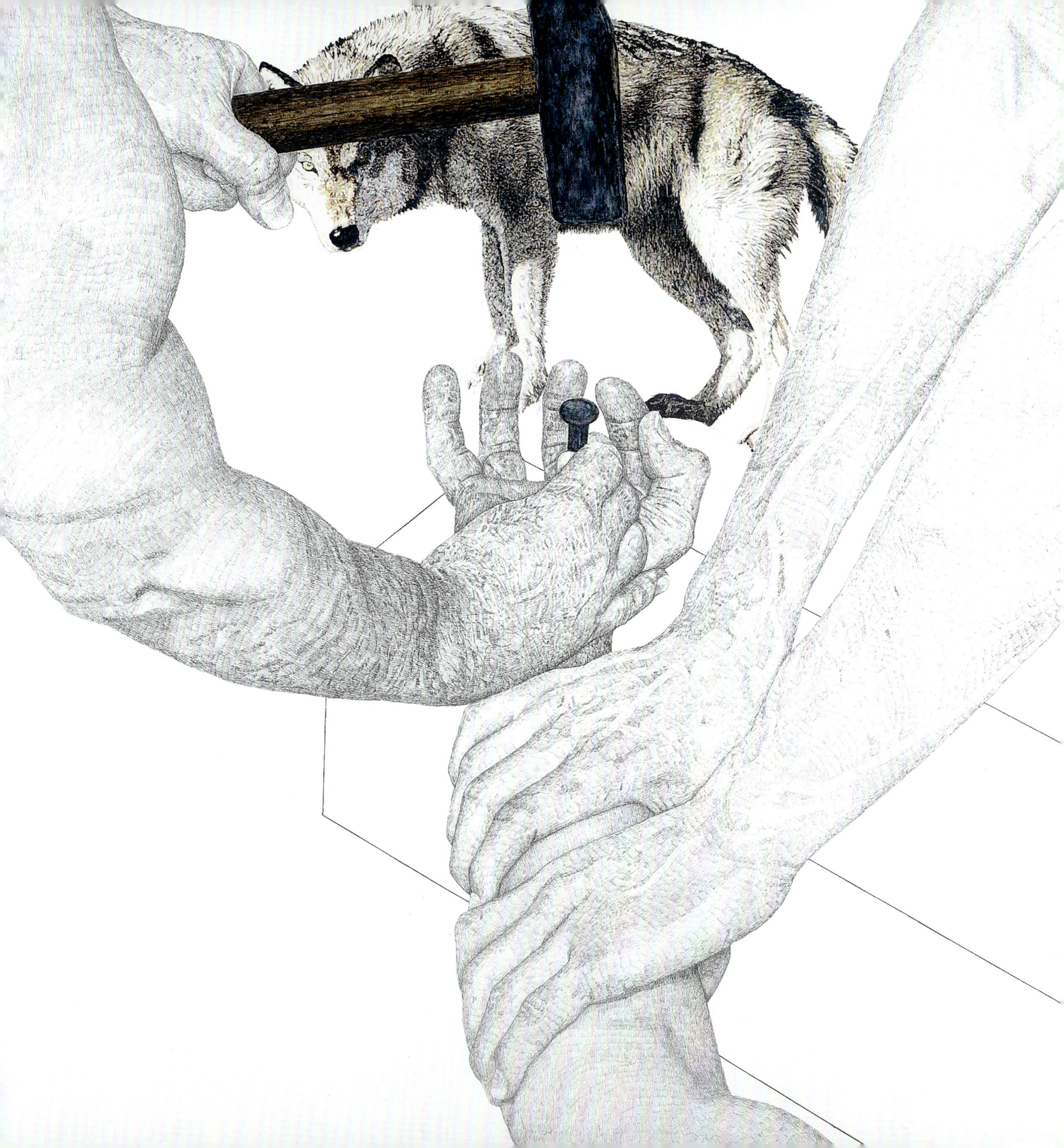

12. Station:
Jesus stirbt am Kreuz.

Mein Gott, mein Gott, warum
hast du mich verlassen!
(aus Psalm 22)

Vater, in deine Hände
empfehle ich meinen Geist.
(Lk 23,46)

Das Antlitz Christi: in den Armen Gottes. In meinen Armen? Berührungslos, als wolltest Du mir sagen: Halte mich nicht fest! Nur Deine Dornenkrone sticht in Daumen und Handballen. Ach, könnte ich Dich empfangen! Lebe wohl!

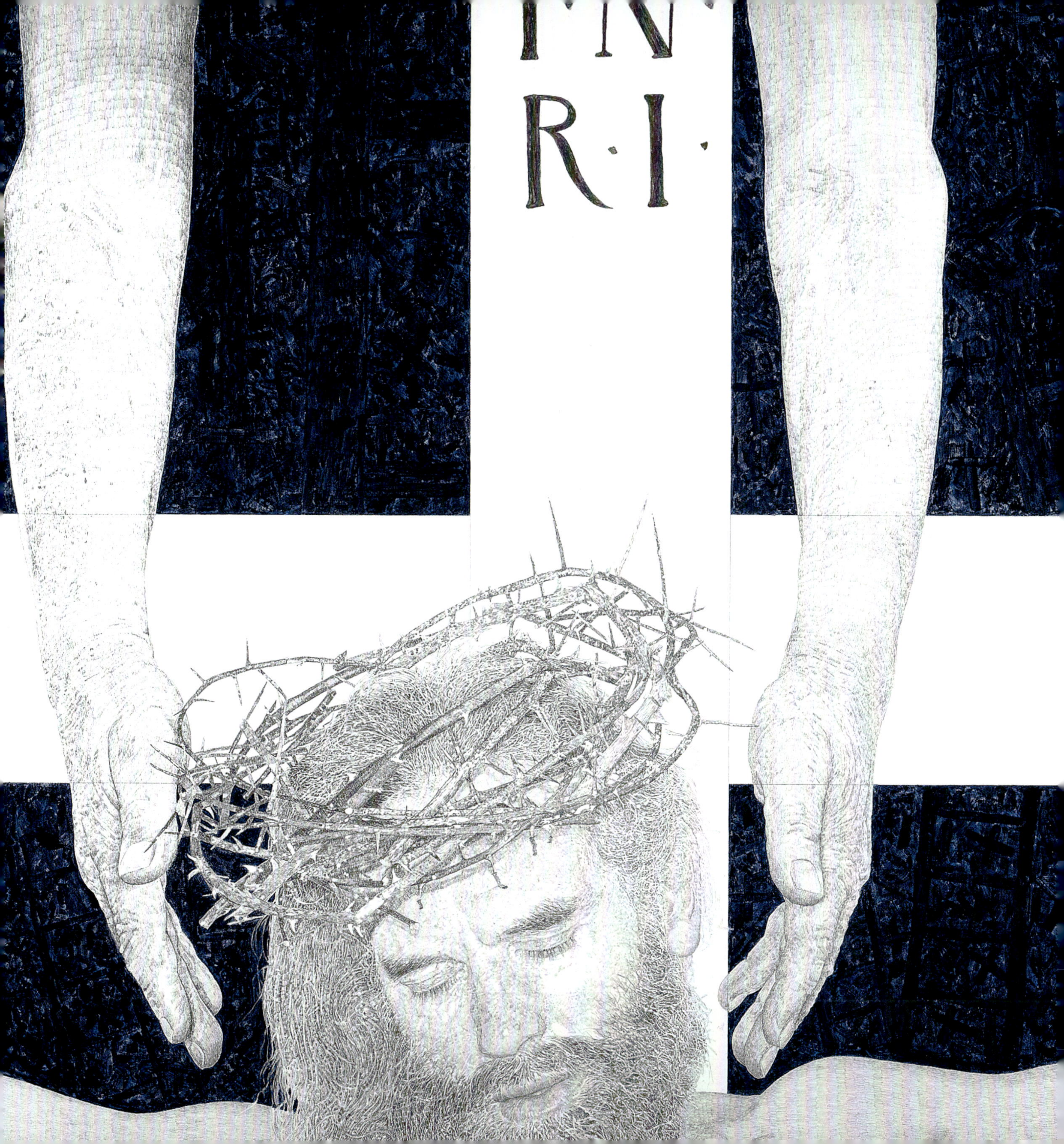
I·N
R·I·

13. Station:
Jesus wird vom Kreuz abgenommen und in den Schoß seiner Mutter gelegt.

Er wurde wegen unserer Sünden zermalmt, durch seine Wunden sind wir geheilt.
(Jes 53,5)

Das Antlitz Christi: unter den Augen seiner Mutter, geneigt, in ihre Hände gebettet. Ein letztes Mal ihn umfassen. Noch ist das Grab der Fluchtpunkt.

14. Station:
Jesus wird ins Grab gelegt.

Christus ist für uns gehorsam geworden bis zum Tod, bis zum Tod am Kreuz.
(Phil 2,8)

Das Antlitz Christi: einbalsamiert, eingebunden und abgeschoben, unseren Blicken entrückt. Fern und klein liegt, hängt, klebt der Leib Jesu, gewickelt in Binden, eingesponnen wie in einen Seidenkokon. Aber die Verwandlung, auf die wir hoffen, ist nicht natürlich. Weil aus der Gewalt nicht das Leben herauswachsen kann. Jesus ist beim Vater, der ihn hält. Auch da, wo wir es nicht mehr sehen können. Ihn, den Liebenden, hält er in seiner Liebe. Und diese Liebe verwandelt nicht sich, sondern uns – am Ostermorgen.

ELMAR PEINTNER

1954	in Zams/Tirol geboren
1974 – 1979	Studium an der Akademie der bildenden Künste in der Meisterschule von Prof. Max Melcher, Wien
1979	Diplom; Auslandsstipendium des Bundesministeriums für Wissenschaft, Forschung und Kunst nach Luxemburg, Stipendiat des Maisons des Artistes. Lithographieseminar in St. Gallen (CH) bei Rolf Trochsler und Peter Stahlberger. Gaststudent bei Prof. Tetsuya Noda an der Tokyo National University of Fine Arts and Music (GEIDAI), Faculty of Fine Arts, Tokyo (J). Lebt und arbeitet in Imst.

Auszeichnungen: Meisterschulpreis, Wien; Uitgeverij Danthe Preis, Belgien; Goldener Fügerpreis, Wien; Preis der 11. Internationalen Grafikbiennale in Sint Niklaas, Belgien; Preis des Polnischen Nationalmuseums bei der 8. Internationalen Grafikbiennale in Krakau, Polen; 1. Preis – Kunstpreis der Stadt Innsbruck; Förderpreis der Internationalen Grafikbiennale „Intergrafik 84“, Berlin, Deutschland; 1. Preis bei der II. Europäischen Triennale für Grafik, Grado, Italien; Preis der Creditanstalt bei „Fingerprints ’89“, Wien; Preis der IWA-Stiftung bei der Grafikbiennale Ostrava-Havirov, Tschechien; 2-facher Preisträger bei den internationalen Grafikausstellungen im Napa Art Center, Napa, California, USA; Goldmedaille bei der 2. Internationalen Grafikausstellung in Stockholm, Schweden; 1. Preis bei der IV. SACHA 2002, Chavantes, São Paolo, Brasilien; 1. Preis bei der 3. Biennale „Lilla Europa 2004“, Hallsberg und Örebro, Schweden; Sonderpreis bei der 4. LESSEDRA WORLD ART PRINT EXHIBITION 2005, Sofia, Bulgarien; Goldenes Ehrenzeichen für Verdienste um die Republik Österreich; Preis bei der Internationalen Grafikausstellung Yunnan 2008, Kunming, China.